Textes et recettes : Anne-Cécile FICHAUX et Jérôme ODOUARD.
Photographies : SAEP/Jean-Luc SYREN et Valérie WALTER.
Coordination : SAEP/Éric ZIPPER.
Composition et photogravure : SAEP.
Impression : Union Européenne.

Conception : Éditions SAEP - 68040 INGERSHEIM - COLMAR.

Cupcakes

livrorange

Introduction

Un plaisir pour les pupilles, un délice pour les papilles : les cupcakes ont ce côté régressif et enfantin qui en feront craquer plus d'un.

Avec leurs couleurs appétissantes, leurs dessins et motifs originaux, les cupcakes sont la pâtisserie tendance pour une pause café ou un thé entre copines.

Bien sûr, les enfants ne se laisseront pas faire et risquent bien de vous les piquer pour le goûter.

Aux États-Unis, les cupcakes font un malheur, tant et si bien que, grâce à leur look décalé, les Américains les surnomment « les gâteaux de fée », « fairycakes » pour les intimes.

Grâce aux cupcakes, c'est plus que jamais le moment de lâcher prise et de se faire plaisir en débridant son imagination : place à la couleur, aux étoiles plein les yeux, aux paillettes... et aux saveurs, « of course » !

Les tailles des cupcakes

Les petits cupcakes sont confectionnés dans des moules de 3 cm de diamètre environ, les moyens, dans des moules de 5 cm de diamètre environ, les grands, dans des moules de 8 cm de diamètre environ.

Comment utiliser une poche à douille ?

C'est l'outil incontournable pour réaliser les cupcakes. Vous l'utiliserez pour remplir vos moules en un clin d'œil, et surtout pour décorer vos gâteaux. Investissez dans une poche à douille lavable, c'est plus économique et plus écologique.

1. Insérez la douille dans la poche. Poussez une partie de la poche dans la douille pour l'obturer.

2. Maintenez la poche largement ouverte sur une de vos mains. Rabattez les bords pour protéger l'extérieur lors du remplissage.

3. Toujours en la maintenant ouverte, remplissez-la avec la crème à l'aide d'une spatule souple. Soyez le plus propre possible.

4. Redonnez à la poche sa forme habituelle. Fermez-la en la tournant sur elle-même. Vous emprisonnez ainsi la garniture. Continuez jusqu'à libérer la douille et mettre la crème en pression.

5. En restant à environ 5 à 10 mm du cupcake, réalisez la décoration en commençant par l'extérieur.

6. Terminez en diminuant la pression sur la poche puis en tournant la poche d'un quart de tour.

Le matériel

Outre les ustensiles indispensables à la pâtisserie (balance, fouet électrique, tamis), la réalisation de cupcakes nécessite quelques outils :
• les moules à muffins vous serviront à maintenir les caissettes lors de la cuisson ;
• les caissettes vous aideront à démouler et à conserver les cupcakes ;
• la poche à douille vous sera utile pour remplir plus rapidement les caissettes, puis à répartir harmonieusement les garnitures sur les cupcakes ;
• un pinceau alimentaire pour étaler certaines préparations ;
• un hachoir électrique pour concasser les fruits secs ;
• un couteau économe pour râper le chocolat en copeaux ;
• un siphon à chantilly pour gagner du temps ;
• une presse pour appliquer des motifs sur les cupcakes.

La décoration

Vous pouvez trouver sur Internet ou en magasins spécialisés :
• des pistoles de chocolat à fondre aux couleurs ludiques : (rose, vert, etc.) ;
• des colorants alimentaires ;
• des stylos de gel alimentaire, qui vous permettront d'écrire et de dessiner ;
• des motifs en sucre de toutes les formes : (cœurs, étoiles, lettres, fleurs...) ;
• des paillettes, des vermicelles, des perles de sucre ;
• des caissettes de toutes les couleurs ;
• des billes de chocolat.

Vous pouvez également donner une touche plus authentique à vos cupcakes en les couvrant de fruits secs tels que les cerneaux de noix, noix de pécan, éclats de noisettes, etc. De même, rien de plus simple que du chocolat noir fondu pour décorer simplement (et délicieusement) vos créations. Afin d'aromatiser vos préparations, renouez avec les sirops d'antan, que vous dénicherez dans les épiceries fines ou sur Internet. Vous pouvez aussi utiliser des extraits alimentaires, que vous trouverez en magasin spécialisé. La plupart des supermarchés vendent de l'extrait de vanille, d'amande amère et de café dans leur rayon pâtisserie.

Les quatre grands types de glaçages

• Au sucre. C'est la préparation la plus simple, qui consiste à diluer 150 g de sucre glace avec 4 cuillerées à soupe de liquide. Pour répartir le glaçage sur les cupcakes, une spatule suffit, mais vous pouvez aussi utiliser une poche à douille pour plus de précision. Une fois le glaçage appliqué, il va se solidifier. Vous pouvez ajouter du colorant alimentaire mais, dans ce cas, il faudra supprimer autant de liquide.
• La chantilly. Il faut placer tous les ustensiles au congélateur 1 heure (saladier, fouet, etc.). La crème liquide doit sortir du réfrigérateur. La chantilly se conservera au maximum 2 jours au réfrigérateur. Vous pouvez aussi monter la chantilly à l'aide d'un siphon et de cartouches de dioxyde d'azote. Projetez la chantilly au moment de servir.
• La crème au beurre. Cette préparation riche est composée sur la base de 100 g de beurre doux pour 200 g de sucre glace. La crème au beurre peut être colorée à l'aide de colorants, n'hésitez pas à la parfumer avec des sirops ou des extraits.
• Le blanc en neige. C'est le glaçage le plus léger, qui est réalisé d'un blanc d'œuf monté en neige et de 150 g de sucre glace. Certains de ces glaçages sont aromatisés à l'aide de sirops, il faut faire très attention à ne pas casser le blanc en neige lorsque vous incorporez le sirop. Utilisez une spatule et faites des mouvements très lents et très « doux ».

Petites astuces

• Cuire les cupcakes dans des caissettes en papier vous permettra de conserver vos douceurs 4 à 5 jours. Vous verrez dans les recettes qu'il ne faut pas remplir les caissettes jusqu'au bord, pour éviter que la pâte ne déborde. Ainsi, plus les cupcakes seront plats, plus il vous sera facile de les garnir.
• Si votre glaçage est réalisé à base de beurre ou de crème (dont la chantilly), attendez que les gâteaux aient complètement refroidi avant d'appliquer la garniture, sinon cette dernière aurait tendance à fondre.
Pour les garnitures à base de sucre ou à base de blanc en neige, attendez simplement que les gâteaux soient tièdes.
• Les glaçages à base d'œuf, de beurre ou de laitage vous obligeront à stocker les cupcakes au réfrigérateur. Sortez les derniers 1 heure avant de les déguster pour éviter que les garnitures ne soient trop dures. En revanche, les cupcakes dont le glaçage a été réalisé à base de sucre peuvent être conservés dans une boîte en métal.

Cupcakes à la muscade et aux abricots secs

Pour 12 cupcakes
Élaborée / Raisonnable
Préparation : 40 minutes
Cuisson : 25 minutes

Pour le gâteau : 60 g d'abricots secs / 150 g de farine / 1 cuil. à café de levure chimique / Une pincée de sel / 100 g de beurre / 75 g de sucre en poudre / 2 œufs / 1/4 de cuil. à café de noix de muscade râpée / 17,5 cl de lait.

Pour le glaçage et la décoration : 60 g de beurre / 250 g de sucre glace / 6 cl de lait / 15 g de billes orange en sucre ou 4 abricots secs coupés en fines lamelles.

1 **Le gâteau :** détailler les abricots secs en fines lamelles. Dans un saladier, mélanger la farine, la levure et le sel.

2 Dans un grand bol, battre le beurre 1 minute pour le rendre pommade. Ajouter le sucre, les œufs et la muscade et fouetter jusqu'à ce que le mélange soit homogène. Verser le lait et fouetter.

3 Incorporer en quatre fois la préparation liquide au mélange à base de farine. Une fois que la préparation est homogène, incorporer les lamelles d'abricots secs. Remplir les moules jusqu'à mi-hauteur, faire cuire pendant 20 minutes à 180 °C (th. 6).

4 **Le glaçage :** faire fondre le beurre et le laisser refroidir dans un saladier. Fouetter le beurre fondu avec la moitié du sucre glace et le lait. Lorsque le mélange est bien lisse, continuer à fouetter tout en versant petit à petit le reste de sucre glace.

5 À l'aide d'une spatule ou d'une poche à douille, répartir le glaçage sur toute la surface des cupcakes.

6 **La touche finale :** décorer de petites billes orange ou de lamelles d'abricots secs.

Cupcakes à l'amaretto

Pour 12 cupcakes
Élaborée / Peu coûteuse
Préparation : 15 minutes
Cuisson : 25 minutes
Repos : 1 heure

Pour le gâteau : 125 g de farine / 25 g d'amandes en poudre / 1 cuil. à soupe de levure chimique / Une pincée de sel / 90 g de beurre / 90 g de sucre en poudre / 2 œufs / 3 cuil. à soupe d'amaretto à l'amande / 15 cl de lait.
Pour le glaçage et la décoration : 50 g de beurre / 75 g de sucre glace / 200 g de chocolat blanc.

1 **Le gâteau :** dans un saladier, mélanger la farine avec la poudre d'amande, la levure et le sel.

2 Dans un grand bol, battre le beurre 1 minute pour le rendre pommade. Ajouter le sucre et les œufs et fouetter jusqu'à ce que le mélange soit homogène. Incorporer l'amaretto et le lait.

3 Incorporer en une seule fois la préparation liquide au mélange à base de farine. Remplir les moules aux deux tiers de leur hauteur, faire cuire 15 à 20 minutes à 180 °C (th. 6). Laisser refroidir complètement les cupcakes, 1 heure environ, avant de les garnir.

4 **Le glaçage :** battre le beurre pendant 1 minute pour le rendre pommade, ajouter le sucre glace et mélanger intimement. Faire fondre 150 g de chocolat à feu doux puis incorporer le beurre. Napper les cupcakes de ce mélange.

5 **La touche finale :** à l'aide d'un économe, râper le chocolat blanc restant afin d'obtenir des copeaux et en saupoudrer les cupcakes.

Cupcakes au café

Pour 12 cupcakes
Élaborée / Peu coûteuse
Préparation : 10 minutes
Cuisson : 30 minutes
Repos : 1 heure

Pour le gâteau : 150 g de farine / 1 cuil. à café de levure chimique / 1 gousse de vanille / 75 g de beurre demi-sel / 125 g de sucre en poudre / 1 œuf / 10 cl de lait / 10 cl de café expresso.
Pour le glaçage et la décoration : 150 g de sucre glace / 75 g de chocolat noir.

1 **Le gâteau :** dans un saladier, verser la farine et la levure. Fendre la gousse de vanille. Au-dessus du saladier, gratter l'intérieur de la gousse avec la pointe d'un couteau afin de récupérer les graines.

2 Battre le beurre 1 minute pour le rendre pommade. Ajouter le sucre, l'œuf, le lait et le café. Fouetter jusqu'à ce que la préparation soit lisse.

3 Petit à petit, verser le mélange à base de farine. Battre la préparation jusqu'à ce qu'elle soit homogène. Remplir les moules jusqu'à mi-hauteur. Faire cuire à 180 °C (th. 6) pendant 25 minutes. Laisser refroidir complètement, 1 heure environ, avant de procéder au nappage.

4 **Le glaçage :** mélanger le sucre glace avec 4 cuillerées à soupe d'eau chaude, la préparation doit être lisse. Napper les cupcakes de ce mélange et laisser refroidir complètement.

5 **La touche finale :** faire fondre le chocolat noir à feu doux et le verser dans une poche à douille. Verser le chocolat sur les cupcakes, en formant une fine spirale. Laisser refroidir avant de servir.

Tropical cupcakes

Pour 12 cupcakes
Très facile / Chère
Préparation : 35 minutes
Cuisson : 20 minutes

Pour le gâteau : 8 bananes séchées / 150 g de farine / 1 cuil. à café de levure chimique / Une pincée de sel / 100 g de beurre / 60 g de sucre en poudre / 3 cuil. à soupe de mélasse / 2 œufs / 20 cl de lait.
Pour le glaçage et la décoration : 50 g de beurre / 2 fruits de la passion / 150 g de fromage frais / 60 g de sucre glace / 20 g de perles multicolores en sucre.

1 **Le gâteau** : couper les bananes séchées en rondelles de 3 mm d'épaisseur. Dans un saladier, mélanger la farine, la levure et le sel.

2 Dans un grand bol, battre le beurre 1 minute pour le rendre pommade. Ajouter le sucre, la mélasse et les œufs. Battre au fouet jusqu'à ce que le mélange soit homogène. Verser le lait et fouetter.

3 Incorporer en quatre fois la préparation liquide au mélange à base de farine. Quand la pâte est homogène, incorporer les rondelles de banane.

4 Remplir les moules jusqu'à mi-hauteur, faire cuire 15 à 20 minutes à 180 °C (th. 6).

5 **Le glaçage** : faire ramollir le beurre. Couper les fruits de la passion en deux et les vider. Verser le beurre, le fromage frais et le sucre glace dans un petit saladier et fouetter à l'aide d'un batteur électrique pendant 3 minutes. Incorporer la chair des fruits de la passion.

6 Napper les cupcakes de crème au fromage frais.

7 **La touche finale** : saupoudrer les cupcakes de perles multicolores.

Cupcakes au café et crème fouettée à la vanille

Pour 12 cupcakes
Très facile / Peu coûteuse
Préparation : 10 minutes
Cuisson : 20 minutes

Pour le gâteau : 80 g de beurre / 80 g de sucre en poudre / 2 œufs / 80 g de farine / 5 cl d'expresso serré / 75 g de chocolat noir.
Pour le glaçage et la décoration : 125 g de mascarpone / 50 g de yaourt nature / 75 g de sucre en poudre / 2 sachets de sucre vanillé / Grains de café spécial pâtisserie.

1 **Le gâteau :** mélanger le beurre ramolli avec le sucre. Ajouter les œufs et battre le mélange. Verser la farine tamisée et fouetter énergiquement.

2 Verser l'expresso et mélanger jusqu'à ce que la pâte soit homogène. Concasser grossièrement le chocolat et verser les éclats dans la préparation, mélanger délicatement.

3 Remplir les moules jusqu'aux deux tiers de leur hauteur. Faire cuire 20 minutes à 180 °C (th. 6).

4 **Le glaçage :** dans un saladier, fouetter le mascarpone avec le yaourt, le sucre et le sucre vanillé. Répartir cette crème sur les cupcakes, à l'aide d'une spatule ou d'une poche à douille.

5 **La touche finale :** saupoudrer de quelques grains de café décoratifs.

Cupcakes à la cannelle, crème de cerises

Pour 12 cupcakes
Très facile / Peu coûteuse
Préparation : 15 minutes
Cuisson : 15 minutes
Repos : 1 heure

Pour le gâteau : 110 g de farine / 1 cuil. à café de levure chimique / 1 cuil. à soupe de cannelle / 80 g de beurre demi-sel / 75 g de sucre en poudre / 2 œufs.

Pour le glaçage et la décoration : 3 cuil. à soupe de mascarpone / 6 cuil. à soupe de confiture de cerises / 12 cerises confites.

1 **Le gâteau :** mélanger la farine avec la levure chimique et la cannelle. Battre le beurre avec le sucre. Quand le mélange est homogène, ajouter les œufs un par un en fouettant à chaque fois.

2 Verser le mélange à base de farine petit à petit, en mélangeant intimement jusqu'à ce qu'il n'y ait plus de grumeaux.

3 Remplir les moules aux deux tiers de leur hauteur. Faire cuire 15 minutes à 180 °C (th. 6). Laisser refroidir 1 heure environ avant de démouler et de garnir les cupcakes.

4 **Le glaçage :** fouetter le mascarpone pendant 1 minute afin de l'aérer. Ajouter la confiture de cerises et mélanger intimement. Napper les cupcakes de cette crème à la cerise.

5 **La touche finale :** les décorer d'une cerise confite.

Cupcakes au caramel fondant

Pour 12 cupcakes
Élaborée / Raisonnable
Préparation : 35 minutes
Cuisson : 25 minutes

Pour le gâteau : 80 g de cerneaux de noix / 100 g de farine / 50 g de poudre de noix / 1 cuil. à café de levure chimique / 75 g de beurre demi-sel / 125 g de sucre en poudre / 1 œuf / 20 cl de lait.
Pour le glaçage et la décoration : 200 g de sucre en poudre / 10 cl de crème fraîche liquide / 150 g de beurre demi-sel / Quelques décors de caramel au choix.

1 **Le gâteau** : concasser les cerneaux de noix en gros morceaux.

2 Mélanger la farine, la poudre de noix et la levure. Battre le beurre 1 minute pour le rendre pommade. Ajouter le sucre, l'œuf et le lait. Fouetter jusqu'à ce que la préparation soit lisse.

3 Petit à petit, verser le mélange à base de farine. Battre la préparation jusqu'à ce qu'elle soit homogène puis incorporer les éclats de noix.

4 Verser la préparation dans les moules, jusqu'à mi-hauteur. Faire cuire à 180 °C (th. 6) pendant 20 minutes.

5 **Le glaçage** : dans une casserole, verser le sucre et faire chauffer à feu très doux afin que le sucre fonde. Ajouter quelques gouttes d'eau si besoin. Porter la crème à ébullition, la verser sur le sucre quand il a caramélisé. Mélanger rapidement pour stopper la cuisson du caramel. Laisser refroidir.

6 Malaxer le beurre du bout des doigts pour le rendre pommade, incorporer le caramel à l'aide d'un fouet. La préparation doit être lisse. Décorer les cupcakes de crème au caramel à l'aide d'une poche à douille.

7 **La touche finale** : disposer quelques décors en caramel.

Cupcakes aux cerises et aux spéculoos

Pour 24 petits cupcakes
Facile / Raisonnable
Préparation : 40 minutes
Cuisson : 15 minutes

Pour le gâteau : 30 g de cerises confites / 80 g de farine / 70 g de poudre d'amande / 1 cuil. à café de levure chimique / 100 g de beurre demi-sel / 75 g de sucre en poudre / 2 œufs / 17,5 cl de lait.

Pour le glaçage et la décoration : 75 g de beurre / 150 g de sucre glace / 75 g de pâte de spéculoos / 15 g de petites billes rouges en sucre.

1 **Le gâteau** : couper les cerises confites en petits dés. Dans un saladier, mélanger la farine, la poudre d'amande et la levure.

2 Dans un grand bol, battre le beurre 1 minute pour le rendre pommade. Ajouter le sucre et les œufs et fouetter jusqu'à ce que le mélange soit homogène. Verser le lait et fouetter.

3 Incorporer en quatre fois la préparation liquide au mélange à base de farine. Ajouter les dés de cerises confites. Remplir les moules jusqu'à mi-hauteur, faire cuire 15 minutes à 180 °C (th. 6).

4 **Le glaçage** : battre le beurre pendant 1 minute pour le rendre pommade, ajouter le sucre et mélanger intimement. Incorporer la pâte de spéculoos en plusieurs fois. Garnir les cupcakes de cette préparation.

5 **La touche finale** : saupoudrer les cupcakes de petites billes rouges.

Valentine's cupcakes

Pour 12 cupcakes
Élaborée / Peu coûteuse
Préparation : 15 minutes
Cuisson : 20 minutes
Repos : 1 heure

Pour le gâteau : 210 g de farine / 1 sachet de levure chimique / 225 g de beurre demi-sel / 110 g de sucre en poudre / 4 jaunes d'œufs / 20 cl de lait / 2 cuil. à soupe de sirop de cerise / 12 cerises griottes au sirop dénoyautées.
Pour le glaçage et la décoration : 20 cl de crème fraîche liquide entière / 25 g de sucre glace / Colorant alimentaire rouge / Décors alimentaires.

1 **Le gâteau** : dans un saladier, mélanger la farine et la levure chimique.

2 Battre le beurre 1 minute afin de le rendre pommade. Ajouter le sucre et fouetter 1 minute. Ajouter les jaunes d'œufs un par un en mélangeant intimement à chaque fois. Mélanger le lait avec le sirop de cerise.

3 Verser un tiers de la préparation à base de farine, mélanger et ajouter la moitié de lait aromatisé. Fouetter énergiquement et poursuivre en ajoutant un tiers de la farine. Une fois que le mélange est homogène, verser le reste du lait aromatisé et battre à nouveau. Verser le reste de farine et fouetter jusqu'à ce que la pâte soit lisse.

4 Remplir les moules aux deux tiers de leur hauteur. Enfoncer 1 cerise au milieu de chaque cupcake. Faire cuire 20 minutes à 180 °C (th. 6). Laisser refroidir entièrement les cupcakes, 1 heure environ, avant de les garnir.

5 **Le glaçage** : au moment de servir, fouetter la crème fraîche en chantilly puis incorporer le sucre glace et le colorant alimentaire jusqu'à obtention d'un rouge franc. Garnir les cupcakes de chantilly.

6 **La touche finale** : saupoudrer la chantilly de décors alimentaires : cœurs en hostie, rose en sucre...

Cupcakes au chocolat, crème de chocolat blanc

Pour 12 cupcakes
Facile / Peu coûteuse
Préparation : 10 minutes
Cuisson : 25 minutes
Repos : 1 heure

Pour le gâteau : 125 g de farine / 35 g de cacao / 2 cuil. à café de levure chimique / Une pincée de sel / 100 g de beurre / 65 g de sucre en poudre / 1 sachet de sucre vanillé / 2 œufs / 17,5 cl de lait.
Pour le glaçage et la décoration : 20 cl de crème fraîche liquide entière / 70 g de chocolat blanc / Cacao en poudre.

1 **Le gâteau** : dans un petit saladier, mélanger la farine, le cacao, la levure et le sel. Dans un grand saladier, battre le beurre pendant 1 minute pour le rendre pommade. Ajouter le sucre, le sucre vanillé, les œufs. Battre jusqu'à ce que le mélange soit homogène.

2 Verser un tiers de la préparation à base de farine et un tiers du lait. Fouetter 30 secondes puis continuer de cette façon jusqu'à ce que l'ensemble des ingrédients soit incorporé.

3 Remplir les moules aux deux tiers de leur hauteur et faire cuire à 180 °C (th. 6) pendant 15 à 20 minutes. Laisser refroidir 1 heure au minimum avant de démouler.

4 **Le glaçage** : fouetter la crème liquide en chantilly et la réserver au frais. Faire fondre le chocolat et le laisser tiédir avant de l'incorporer à la chantilly. Réserver la chantilly au chocolat au frais et ne garnir les cupcakes qu'au moment de servir.

5 **La touche finale** : décorer de copeaux de chocolat blanc et saupoudrer de cacao.

Cupcakes show-colat

Pour 8 cupcakes
Élaborée / Raisonnable
Préparation : 30 minutes
Cuisson : 15 minutes
Repos : 2 heures

Pour le gâteau : 80 g de chocolat noir à pâtissier / 20 g de chocolat au lait supérieur / 50 g de beurre demi-sel / 2 œufs / 50 g de sucre en poudre / 20 g de farine.
Pour le glaçage et la décoration : 20 cl de crème fraîche liquide entière / 4 cuil. à soupe de sirop de noisette / 40 g de noisettes.

1 **Le gâteau** : casser le chocolat en morceaux, le faire fondre au bain-marie. Hors du feu, ajouter le beurre coupé en morceaux et mélanger.

2 Fouetter les œufs et le sucre dans un bol. Incorporer le chocolat fondu. Verser progressivement la farine en fouettant la préparation.

3 Remplir les moules à mi-hauteur, cuire à 210 °C (th. 7) 10 minutes.

4 **Le glaçage** : placer le récipient et le fouet au congélateur, mettre la crème au réfrigérateur au moins 2 heures avant de monter la chantilly.

5 Au moment de servir, fouetter la crème fraîche en chantilly puis incorporer le sirop de noisette. Garnir les cupcakes de chantilly.

6 **La touche finale** : concasser grossièrement les noisettes et les faire dorer dans une poêle à sec pendant 5 minutes environ. Laisser refroidir dans une assiette et saupoudrer la chantilly d'éclats de noisettes.

Marvellous cupcakes

Pour 12 cupcakes
Facile / Peu coûteuse
Préparation : 45 minutes
Cuisson : 35 minutes
Repos : 15 minutes

Pour le gâteau : 150 g de farine / 1 cuil. à café de levure chimique / 75 g de beurre demi-sel / 125 g de sucre en poudre / 1 œuf / 20 cl de lait / 100 g de pépites de chocolat noir.
Pour le glaçage et la décoration : 225 g de beurre / 25 cl de lait / 3 cuil. à soupe de farine / 150 g de sucre en poudre / 1/2 cuil. à café d'arôme caramel / 50 g de chocolat noir.

1 **Le gâteau :** dans un saladier, mélanger la farine et la levure. Battre le beurre 1 minute pour le rendre pommade. Ajouter le sucre, l'œuf et le lait. Fouetter jusqu'à ce que la préparation soit lisse.

2 Petit à petit, verser la farine et la levure. Battre la préparation jusqu'à ce qu'elle soit homogène. Verser les pépites de chocolat et mélanger délicatement. Remplir les moules jusqu'à mi-hauteur. Faire cuire à 180 °C (th. 6) pendant 20 à 25 minutes.

3 **Le glaçage :** laisser ramollir le beurre. Faire tiédir le lait dans une casserole, verser la farine en pluie tout en fouettant. Poursuivre la cuisson pendant 10 minutes en fouettant constamment, jusqu'à ce que la préparation épaississe. Laisser refroidir hors du feu.

4 Dans un saladier, fouetter le beurre pendant 3 minutes à l'aide d'un batteur électrique. Incorporer le sucre et fouetter à nouveau 3 minutes. Verser l'arôme caramel et la préparation à base de lait. Fouetter la crème pendant 5 minutes. Goûter la crème et ajouter un peu d'arôme si besoin.

5 Laisser refroidir la préparation au réfrigérateur pendant 15 minutes puis la verser dans une poche à douille. Décorer les cupcakes de crème au beurre.

6 **La touche finale :** râper le chocolat noir en copeaux à l'aide d'un couteau économe et saupoudrer les copeaux sur les cupcakes.

Cupcakes choco-bananes

Pour 12 cupcakes
Facile / Chère
Préparation : 15 minutes
Cuisson : 15 minutes
Repos : 1 heure

Pour le gâteau : 150 g de farine / 1 cuil. à café rase de levure chimique / Une pincée de sel / 90 g de beurre / 80 g de sucre en poudre / 2 œufs / 15 cl de lait / 3 bananes confites / 50 g de chocolat noir.

Pour le glaçage et la décoration : 150 g de sucre glace / 2 cuil. à soupe de jus de citron / 12 cerneaux de noix de pécan.

1 **Le gâteau** : dans un saladier, mélanger la farine, la levure et le sel.

2 Dans un grand bol, battre le beurre 1 minute pour le rendre pommade. Ajouter le sucre et les œufs et fouetter jusqu'à ce que le mélange soit homogène. Verser le lait et fouetter énergiquement.

3 Incorporer en quatre fois la préparation liquide au mélange à base de farine. Couper les bananes confites en petits morceaux et casser le chocolat noir afin d'obtenir de petits éclats. Verser les morceaux de banane et de chocolat dans la pâte et mélanger délicatement.

4 Remplir les moules aux trois quarts de leur hauteur, faire cuire 15 minutes à 180 °C (th. 6). Laisser tiédir.

5 **Le glaçage :** mélanger le sucre glace avec le jus de citron et 2 cuillerées à soupe d'eau chaude, la préparation doit être lisse. Napper les cupcakes de ce mélange.

6 **La touche finale :** déposer 1 cerneau de noix de pécan au sommet de chaque cupcake. Laisser refroidir complètement pendant 1 heure avant de servir. Le glaçage doit durcir en refroidissant.

Cupcakes au citron

Pour 12 cupcakes
Très facile / Peu coûteuse
Préparation : 15 minutes
Cuisson : 20 minutes

Pour le gâteau : 180 g de farine / 30 g de fécule de maïs / 2 cuil. à café de levure chimique / Une pincée de sel / 225 g de beurre / 150 g de sucre en poudre / 4 jaunes d'œufs / 25 cl de lait / Les zestes de 1 citron non traité.

Pour le glaçage et la décoration : 150 g de sucre glace / 2 cuil. à soupe de jus de citron / 15 g de petites billes jaunes en sucre.

1 **Le gâteau :** dans un saladier, mélanger la farine, la fécule de maïs, la levure chimique et le sel.

2 Battre le beurre 1 minute afin de le rendre pommade. Ajouter le sucre et fouetter 1 minute. Ajouter les jaunes d'œufs un par un en mélangeant intimement à chaque fois.

3 Verser un tiers de la préparation à base de farine, mélanger et ajouter la moitié du lait. Fouetter énergiquement et poursuivre en alternant farine et lait. La pâte doit être lisse et homogène. Ajouter les zestes de citron et mélanger.

4 Remplir les moules aux deux tiers de leur hauteur. Faire cuire entre 15 et 20 minutes à 180 °C (th. 6). Laisser tiédir avant de les garnir.

5 **Le glaçage :** mélanger le sucre glace avec le jus de citron et 2 cuillerées à soupe d'eau chaude, la préparation doit être lisse. Napper les cupcakes de ce mélange

6 **La touche finale :** saupoudrer le glaçage de billes en sucre, laisser refroidir complètement avant de servir. Le glaçage doit durcir en refroidissant.

Cupcakes au citron vert et à la mangue

Pour 12 cupcakes
Facile / Peu coûteuse
Préparation : 20 minutes
Cuisson : 15 minutes
Repos : 1 heure

Pour le gâteau : 2 citrons verts non traités / 150 g de farine / 2 cuil. à café rases de levure chimique / Une pincée de sel / 100 g de beurre / 75 g de sucre en poudre / 2 œufs / 17,5 cl de lait.
Pour le glaçage et la décoration : 1 mangue / 150 g de mascarpone / 75 g de sucre en poudre / 12 fleurs en sucre.

1 **Le gâteau :** zester les citrons verts et plonger les zestes 1 minute dans une casserole d'eau bouillante. Égoutter les zestes et les hacher finement. Dans un saladier, mélanger la farine, la levure et le sel.

2 Dans un grand bol, battre le beurre 1 minute pour le rendre pommade. Ajouter le sucre et les œufs et fouetter jusqu'à ce que le mélange soit homogène. Verser le lait et fouetter. Incorporer les zestes de citron vert.

3 Incorporer en quatre fois la préparation liquide au mélange à base de farine. Remplir les moules aux trois quarts de leur hauteur, faire cuire 15 minutes à 180 °C (th. 6).

4 Vérifier la cuisson des gâteaux puis laisser refroidir 1 heure.

5 **Le glaçage :** éplucher la mangue et la couper grossièrement. Mixer la mangue avec le mascarpone et le sucre jusqu'à l'obtention d'un mélange homogène. Fouetter la préparation pendant 1 minute pour l'aérer. Répartir cette crème sur les cupcakes, à l'aide d'une spatule ou d'une poche à douille.

6 **La touche finale :** déposer 1 fleur en sucre sur la crème.

Cupcakes aux saveurs d'Orient

Pour 12 cupcakes
Élaborée / Raisonnable
Préparation : 50 minutes
Cuisson : 35 minutes
Repos : 15 minutes

Pour le gâteau : 6 gousses de cardamome / 1 cuil. à café de baies de coriandre / 150 g de farine / 1 cuil. à café de levure chimique / 75 g de beurre demi-sel / 125 g de sucre en poudre / 1 œuf / 20 cl de lait.

Pour le glaçage et la décoration : 25 cl de lait / 3 cuil. à soupe de farine / 225 g de beurre / 150 g de sucre en poudre / 1/4 de cuil. à café d'arôme à la rose / Colorant alimentaire rouge / Un tube de gel alimentaire rose.

1 **Le gâteau** : décortiquer les gousses de cardamome afin d'en récupérer les graines. Moudre les graines de cardamome et les baies de coriandre.

2 Mélanger la farine, les épices moulues et la levure. Battre le beurre 1 minute. Ajouter le sucre, l'œuf et le lait. Fouetter jusqu'à ce que la préparation soit lisse.

3 Petit à petit, verser le mélange à base de farine. Battre la préparation. Remplir les moules jusqu'à mi-hauteur. Faire cuire à 180 °C (th. 6) pendant 20 minutes.

4 **Le glaçage** : faire tiédir le lait dans une casserole, verser la farine en pluie tout en fouettant. Poursuivre la cuisson pendant 10 minutes en fouettant constamment, jusqu'à ce que la préparation épaississe. Laisser refroidir hors du feu.

5 Dans un saladier, fouetter le beurre ramolli pendant 3 minutes à l'aide d'un batteur électrique. Incorporer le sucre et fouetter à nouveau 3 minutes. Verser l'arôme à la rose, quelques gouttes de colorant alimentaire rouge (pour obtenir une couleur rose) et la préparation à base de lait. Fouetter la crème pendant 5 minutes.

6 Laisser refroidir la préparation au réfrigérateur pendant 15 minutes puis la verser dans une poche à douille. Décorer les cupcakes de crème au beurre.

7 **La touche finale** : décorer les cupcakes d'une pointe de gel alimentaire.

Cupcakes à la fleur d'oranger

Pour 12 cupcakes
Difficile / Peu coûteuse
Préparation : 20 minutes
Cuisson : 20 minutes
Repos : 1 heure

Pour le gâteau : 180 g de farine / 30 g de fécule de maïs / 2 cuil. à café de levure chimique / Une pincée de sel / 225 g de beurre / 150 g de sucre en poudre / 4 jaunes d'œufs / 20 cl de lait / 2 cuil. à soupe d'eau de fleur d'oranger.
Pour le glaçage et la décoration : 6 cuil. à soupe de purée d'amandes / 2 petits-suisses / 3 cuil. à soupe de sucre glace / 1 blanc d'œuf / 12 dattes / 12 cerises confites.

1 **Le gâteau :** dans un saladier, mélanger la farine, la fécule de maïs, la levure chimique et le sel.

2 Battre le beurre 1 minute afin de le rendre pommade. Ajouter le sucre et fouetter 1 minute. Ajouter les jaunes d'œufs un par un en mélangeant intimement à chaque fois.

3 Verser un tiers de la préparation à base de farine, mélanger et ajouter la moitié du lait. Fouetter énergiquement et poursuivre en alternant farine et lait. La pâte doit être lisse et homogène. Ajouter l'eau de fleur d'oranger et mélanger.

4 Remplir les moules aux deux tiers de leur hauteur. Faire cuire entre 15 et 20 minutes à 180 °C (th. 6). Laisser refroidir 1 heure avant de les garnir.

5 **Le glaçage :** mélanger la purée d'amandes avec les petits-suisses et le sucre glace, jusqu'à ce que le mélange soit homogène. Battre le blanc d'œuf en neige et l'incorporer délicatement à la préparation précédente. Garnir les cupcakes de cette crème à l'amande.

6 **La touche finale :** dénoyauter les dattes et les couper en quatre dans le sens de la longueur, déposer 4 morceaux de datte sur chaque cupcake et surmonter le tout d'une cerise confite.

Cupcakes aux fraises et à la menthe

Pour 12 cupcakes
Élaborée / Raisonnable
Préparation : 45 minutes
Cuisson : 20 minutes
Repos : 2 heures

Pour le gâteau : 150 g de fraises / 100 g de farine / 50 g de poudre d'amande / 1 cuil. à café de levure chimique / Une pincée de sel / 100 g de beurre / 75 g de sucre en poudre / 2 œufs / 12 cl de lait.

Pour le glaçage et la décoration : 20 cl de crème fraîche liquide entière / 50 g de sucre glace / Colorant alimentaire vert / 1/2 cuil. à café d'arôme de menthe / 15 g de petits décors rouges en sucre.

1 **Le gâteau** : laver et essuyer délicatement les fraises, supprimer les queues. Écraser la moitié des fraises à l'aide d'une fourchette. Couper le reste des fraises en dés.

2 Dans un saladier, mélanger la farine, la poudre d'amande, la levure et le sel.

3 Dans un grand bol, battre le beurre 1 minute pour le rendre pommade. Ajouter le sucre et les œufs et fouetter jusqu'à ce que le mélange soit homogène. Verser le lait et la purée de fraises ; fouetter.

4 Incorporer en quatre fois la préparation liquide au mélange à base de farine. Ajouter les dés de fraise et mélanger délicatement. Remplir les moules jusqu'à mi-hauteur, faire cuire 20 minutes à 180 °C (th. 6).

5 **Le glaçage** : placer le récipient et le fouet au congélateur, mettre la crème au réfrigérateur au moins 2 heures avant de monter la chantilly.

6 Au moment de servir, fouetter la crème fraîche en chantilly puis incorporer la moitié du sucre glace et le colorant alimentaire jusqu'à obtention d'un vert franc. Ajouter l'arôme petit à petit en goûtant au fur et à mesure afin d'obtenir une chantilly au léger goût de menthe.

7 Garnir les cupcakes de chantilly à la menthe à l'aide d'une poche à douille.

8 **La touche finale** : répartir quelques décors rouges en sucre sur la chantilly.

Girly cupcakes

Pour 12 cupcakes
Élaborée / Chère
Préparation : 50 minutes
Cuisson : 20 minutes

Pour le gâteau : 150 g de framboises / 100 g de farine / 80 g de poudre d'amande / 30 g de fécule de maïs / 1 cuil. à café de levure chimique / Une pincée de sel / 225 g de beurre / 150 g de sucre en poudre / 4 jaunes d'œufs / 25 cl de lait.

Pour le glaçage et la décoration : 60 g de beurre / 250 g de sucre glace / 6 cl de lait / Colorant alimentaire rose ou rouge / Cœurs en sucre rouge.

1 **Le gâteau :** rincer délicatement les framboises et les laisser s'égoutter sur une feuille de papier absorbant. Dans un saladier, mélanger la farine, la poudre d'amande, la fécule de maïs, la levure et le sel.

2 Dans un bol, battre le beurre 1 minute. Ajouter le sucre et fouetter 1 minute. Ajouter les jaunes d'œufs un par un en mélangeant intimement à chaque fois.

3 Verser un tiers de la préparation à base de farine, mélanger et ajouter la moitié du lait. Fouetter énergiquement et poursuivre en alternant farine et lait. La pâte doit être lisse et homogène. Ajouter les framboises et mélanger délicatement.

4 Remplir les moules jusqu'à mi-hauteur. Faire cuire 20 minutes à 180 °C (th. 6).

5 **Le glaçage :** égoutter les litchis, en réserver la moitié pour la décoration et mixer finement le reste.

6 Faire fondre le beurre et le laisser refroidir dans un saladier. Fouetter le beurre fondu avec la moitié du sucre glace et le lait. Lorsque le mélange est bien lisse, continuer à fouetter tout en versant petit à petit le reste de sucre glace. Incorporer la purée de litchis et quelques gouttes de colorant alimentaire afin d'obtenir un glaçage de couleur rose pâle. À l'aide d'une spatule ou d'une poche à douille, répartir le glaçage aux litchis sur toute la surface des cupcakes.

7 **La touche finale :** décorer avec les cœurs en sucre.

Cupcakes du débutant

Pour 12 cupcakes
Très facile / Peu coûteuse
Préparation : 5 minutes
Cuisson : 15 minutes
Repos : 1 heure

Pour le gâteau : 150 g de farine / 2 cuil. à café rases de levure chimique / Une pincée de sel / 100 g de beurre / 75 g de sucre en poudre / 2 œufs / 1 g de graines de vanille (les graines d'une gousse) / 17,5 cl de lait.
Pour le glaçage et la décoration : 200 g de framboises fraîches / 1 bombe de chantilly prête à l'emploi.

1 **Le gâteau** : dans un saladier, mélanger la farine, la levure et le sel.

2 Dans un grand bol, battre le beurre 1 minute pour le rendre pommade. Ajouter le sucre, les œufs et la vanille et fouetter jusqu'à ce que le mélange soit homogène. Verser le lait et fouetter.

3 Incorporer en quatre fois la préparation liquide au mélange à base de farine. Remplir les moules aux trois quarts de leur hauteur, faire cuire 15 minutes à 180 °C (th. 6).

4 Rincer délicatement les framboises et les déposer à l'envers sur du papier absorbant. Vérifier la cuisson des gâteaux puis laisser refroidir 1 heure.

5 **Le glaçage** : au moment de servir, napper abondamment les cupcakes de crème Chantilly.

6 **La touche finale** : décorer de framboises fraîches.

Mango mambo

Pour 12 cupcakes
Élaborée / Raisonnable
Préparation : 50 minutes
Cuisson : 35 minutes
Repos : 15 minutes

Pour le gâteau : 8 mangues séchées / 180 g de farine / 30 g de fécule de maïs / 1 cuil. à café de levure chimique / Une pincée de sel / 225 g de beurre / 150 g de sucre en poudre / 4 jaunes d'œufs / 25 cl de lait / 10 g de graines de pavot.
Pour le glaçage et la décoration : 225 g de beurre / 25 cl de lait / 3 cuil. à soupe de farine / 150 g de sucre en poudre / 1 cuil. à café d'extrait de vanille / 1/2 mangue / 5 g de graines de pavot.

1 **Le gâteau :** couper les mangues séchées en dés.

2 Dans un saladier, mélanger la farine, la fécule de maïs, la levure chimique et le sel. Battre le beurre 1 minute afin de le rendre pommade. Ajouter le sucre et fouetter 1 minute. Ajouter les jaunes d'œufs un par un en mélangeant intimement à chaque fois. Verser un tiers de la préparation à base de farine, mélanger et ajouter la moitié du lait. Fouetter énergiquement et poursuivre en alternant farine et lait. La pâte doit être lisse et homogène. Ajouter les dés de mangue séchée et les graines de pavot, mélanger. Remplir les moules jusqu'à mi-hauteur. Faire cuire 25 minutes à 180 °C (th. 6).

3 **Le glaçage :** laisser ramollir le beurre. Faire tiédir le lait dans une casserole, verser la farine en pluie tout en fouettant. Poursuivre la cuisson 10 minutes en fouettant constamment, jusqu'à ce que la préparation épaississe. Laisser refroidir.

4 Dans un saladier, fouetter le beurre pendant 3 minutes à l'aide d'un batteur électrique. Incorporer le sucre et fouetter à nouveau 3 minutes. Verser l'extrait de vanille et la préparation à base de lait. Fouetter la crème pendant 5 minutes. Laisser refroidir la préparation au réfrigérateur pendant 15 minutes puis la verser dans une poche à douille. Décorer les cupcakes de crème au beurre.

5 **La touche finale :** peler la mangue et mixer la chair à l'aide d'un robot ou d'un mixeur électrique. Filtrer le coulis de mangue. Au moment de servir, verser un filet de coulis de mangue sur les cupcakes, saupoudrer de graines de pavot.

Cupcakes aux mûres

Pour 12 moyens
Élaborée / Chère
Préparation : 50 minutes
Cuisson : 20 minutes
Repos : 2 heures

Pour le gâteau : 100 g de mûres / 80 g d'amandes émondées / 100 g de farine / 50 g de poudre d'amande / 1 cuil. à café de levure chimique / 75 g de beurre demi-sel / 125 g de sucre en poudre / 1 œuf / 20 cl de lait.
Pour le glaçage et la décoration : 120 g de mûres / 15 cl de crème liquide entière / 20 g de sucre glace.

1 **Le gâteau :** laver délicatement les mûres, les laisser sécher sur une feuille de papier absorbant. Couper les mûres en deux si elles mesurent plus de 1 cm.

2 Concasser les amandes mondées en gros morceaux. Mélanger la farine, la poudre d'amande et la levure. Dans un autre saladier, battre le beurre 1 minute pour le rendre pommade. Ajouter le sucre, l'œuf et le lait. Fouetter jusqu'à ce que la préparation soit lisse. Petit à petit, verser le mélange à base de farine. Battre la préparation jusqu'à ce qu'elle soit homogène puis incorporer les éclats d'amande et les mûres. Verser la préparation dans les moules jusqu'à mi-hauteur. Faire cuire à 180 °C (th. 6) pendant 20 minutes.

3 **Le glaçage :** laver délicatement les mûres, les laisser sécher sur une feuille de papier absorbant. Verser les mûres dans un chinois et les écraser avec une cuillère en bois afin d'en extraire le jus. Mélanger le jus de mûres avec la crème et le sucre glace. Filtrer la préparation à l'aide d'une passoire fine puis la verser dans un siphon à chantilly, le fermer hermétiquement. Insérer le dioxyde d'azote puis secouer énergiquement le siphon. Placer le siphon à l'horizontal dans le réfrigérateur et laisser reposer pendant 2 heures au minimum.

4 **La touche finale :** faire dorer les amandes effilées dans une poêle à sec pendant 5 minutes, laisser refroidir sur une assiette.

5 Projeter la chantilly à la mûre sur les cupcakes au moment de servir.

Cupcakes aux noisettes et au café

Pour 12 cupcakes
Élaborée / Raisonnable
Préparation : 40 minutes
Cuisson : 35 minutes
Repos : 15 minutes

Pour le gâteau : 100 g de noisettes / 150 g de farine / 1 cuil. à café de levure chimique / 75 g de beurre demi-sel / 125 g de sucre en poudre / 1 œuf / 10 cl de lait / 10 cl de crème fraîche épaisse.

Pour le glaçage et la décoration : 225 g de beurre / 25 cl de lait / 3 cuil. à soupe de farine / 150 g de sucre en poudre / 1/2 cuil. à café d'arôme café / 20 g de grains de café enrobés de chocolat.

1 **Le gâteau** : concasser grossièrement les noisettes. Mélanger la farine et la levure. Battre le beurre 1 minute pour le rendre pommade. Ajouter le sucre, l'œuf, le lait et la crème fraîche. Fouetter jusqu'à ce que la préparation soit lisse.

2 Petit à petit, verser la farine et la levure. Battre la préparation jusqu'à ce qu'elle soit homogène. Incorporer les éclats de noisette. Verser la préparation dans les moules, jusqu'à mi-hauteur.

3 Faire cuire à 180 °C (th. 6) pendant 20 minutes.

4 **Le glaçage** : laisser ramollir le beurre. Faire tiédir le lait dans une casserole, verser la farine en pluie tout en fouettant. Poursuivre la cuisson 10 minutes en fouettant constamment, jusqu'à ce que la préparation épaississe. Laisser refroidir hors du feu.

5 Dans un saladier, fouetter le beurre pendant 3 minutes à l'aide d'un batteur électrique. Incorporer le sucre et fouetter à nouveau 3 minutes. Verser l'arôme café et la préparation à base de lait. Fouetter la crème pendant 5 minutes.

6 Laisser refroidir la préparation au réfrigérateur pendant 15 minutes puis la répartir sur les cupcakes à la spatule.

7 **La touche finale** : disposer quelques grains de café enrobés de chocolat sur les cupcakes.

Cupcakes aux noix

Pour 12 cupcakes
Très facile / Raisonnable
Préparation : 35 minutes
Cuisson : 25 minutes

Pour le gâteau : 90 g de farine / 70 g de poudre de noix / 1 cuil. à café de levure chimique / 75 g de beurre demi-sel / 125 g de sucre en poudre / 1 œuf / 10 cl de lait / 10 cl de crème fraîche liquide entière.
Pour le glaçage et la décoration : 12 cl de crème fraîche épaisse / 10 g de beurre / 1 cuil. à soupe de sucre en poudre / 100 g de chocolat noir / 12 cerneaux de noix.

1 **Le gâteau :** dans un saladier, verser la farine, la poudre de noix et la levure. Battre le beurre 1 minute pour le rendre pommade. Ajouter le sucre, l'œuf, le lait et la crème fraîche. Fouetter jusqu'à ce que la préparation soit lisse.

2 Petit à petit, verser le mélange à base de farine. Battre la préparation jusqu'à ce qu'elle soit homogène. Remplir les moules jusqu'à mi-hauteur. Faire cuire à 180 °C (th. 6) pendant 20 minutes.

3 **Le glaçage :** faire chauffer la crème avec le beurre et le sucre jusqu'à frémissement. Mélanger intimement et retirer du feu.

4 Verser le chocolat coupé en morceaux et mélanger pendant 5 minutes environ, jusqu'à obtention d'une préparation lisse. Verser 1 cuillerée à soupe de ganache sur chaque cupcake et l'étaler. Lisser le glaçage.

5 **La touche finale :** disposer 1 cerneau de noix au centre de chaque cupcake et laisser refroidir la ganache.

Cupcakes complètement « nuts »

Pour 12 cupcakes
Élaborée / Peu coûteuse
Préparation : 15 minutes
Cuisson : 15 minutes

Pour le gâteau : 75 g de farine / 75 g de poudre de noix / 2 cuil. à café rases de levure chimique / Une pincée de sel / 90 g de beurre / 50 g de sucre en poudre / 2 œufs / 3 cuil. à soupe de miel liquide / 15 cl de lait.
Pour le glaçage et la décoration : 80 g de beurre doux / 150 g de sucre glace / 80 g de pâte à tartiner au chocolat et aux noisettes / 12 cerneaux de noix.

1 **Le gâteau :** dans un saladier, mélanger la farine, la poudre de noix, la levure et le sel.

2 Dans un grand bol, battre le beurre 1 minute pour le rendre pommade. Ajouter le sucre et les œufs et fouetter jusqu'à ce que le mélange soit homogène. Verser le miel et le lait, fouetter.

3 Incorporer en quatre fois la préparation liquide au mélange à base de farine. Remplir les moules aux trois quarts de leur hauteur, faire cuire 15 minutes à 180 °C (th. 6). Laisser tiédir.

4 **Le glaçage :** battre le beurre pendant 1 minute pour le rendre pommade, ajouter le sucre glace et mélanger intimement. Incorporer la pâte à tartiner et napper les cupcakes de ce mélange.

5 **La touche finale :** déposer 1 cerneau de noix sur chaque cupcake.

Cupcakes à la noix de coco et au chocolat noir

Pour 12 cupcakes
Facile / Peu coûteuse
Préparation : 20 minutes
Repos : 30 minutes
Cuisson : 20 minutes

Pour le gâteau : 100 g de farine / 50 g de noix de coco râpée / 1 cuil. à soupe rase de levure chimique / Une pincée de sel / 100 g de beurre / 60 g de sucre en poudre / 3 cuil. à soupe de miel liquide / 2 œufs / 15 cl de lait.
Pour le glaçage et la décoration : 50 g de beurre / 75 g de sucre glace / 150 g de chocolat noir / 25 g de copeaux de noix de coco.

1 **Le gâteau** : dans un saladier, mélanger la farine, la noix de coco râpée, la levure et le sel.

2 Dans un grand bol, battre le beurre 1 minute pour le rendre pommade. Ajouter le sucre, le miel et les œufs. Battre au fouet jusqu'à ce que le mélange soit homogène. Verser le lait et fouetter.

3 Incorporer en quatre fois la préparation liquide au mélange à base de farine et de noix de coco. Remplir les moules aux trois quarts de leur hauteur, faire cuire 15 à 20 minutes à 180 °C (th. 6). Laisser refroidir les cupcakes au minimum 30 minutes.

4 **Le glaçage** : battre le beurre pendant 1 minute pour le rendre pommade, ajouter le sucre glace et mélanger intimement. Faire fondre le chocolat à feu doux puis incorporer le beurre. Napper les cupcakes de ce mélange.

5 **La touche finale** : saupoudrer de copeaux de noix de coco et laisser refroidir.

Cupcakes à la nougatine, glaçage au sucre

Pour 12 cupcakes
Facile / Peu coûteuse
Préparation : 15 minutes
Repos : 1 heure
Cuisson : 15 minutes

Pour le gâteau : 150 g de farine / 1 g de vanille en poudre / 2 cuil. à café rases de levure chimique / Une pincée de sel / 100 g de beurre / 70 g de sucre en poudre / 2 œufs / 15 cl de lait / 100 g de nougatine.
Pour le glaçage et la décoration : 150 g de sucre glace / 2 cuil. à soupe de jus de citron.

1 **Le gâteau :** dans un saladier, mélanger la farine avec la vanille, la levure et le sel.

2 Dans un grand bol, battre le beurre 1 minute pour le rendre pommade. Ajouter le sucre et les œufs et fouetter jusqu'à ce que le mélange soit homogène. Verser le lait et fouetter.

3 Incorporer en quatre fois la préparation liquide au mélange à base de farine. Casser la nougatine en éclats à l'aide d'un rouleau à pâtisserie ; incorporer les éclats à la préparation. Remplir les moules aux trois quarts de leur hauteur, faire cuire 15 minutes à 180 °C (th. 6).

4 Vérifier la cuisson des gâteaux puis laisser refroidir 1 heure.

5 **Le glaçage :** mélanger le sucre glace avec le jus de citron et 2 cuillerées à soupe d'eau chaude, la préparation doit être lisse. Napper les cupcakes de ce mélange et laisser refroidir complètement avant de servir. Le glaçage doit durcir en refroidissant.

Cupcakes tout orange

Pour 12 cupcakes
Facile / Peu coûteuse
Préparation : 20 minutes
Repos : 1 heure
Cuisson : 20 minutes

Pour le gâteau : 210 g de farine / 1 sachet de levure chimique / 225 g de beurre demi-sel / 135 g de sucre en poudre / 4 jaunes d'œufs / 15 cl de lait / 10 cl de jus d'orange / 15 g d'écorces d'orange confite.

Pour le glaçage et la décoration : 1 blanc d'œuf / Une pincée de sel / 150 g de sucre glace / Colorant alimentaire orange / Dragées orange au chocolat.

1 **Le gâteau** : dans un saladier, mélanger la farine et la levure chimique.

2 Battre le beurre 1 minute afin de le rendre pommade. Ajouter le sucre et fouetter 1 minute. Ajouter les jaunes d'œufs un par un en mélangeant intimement à chaque fois.

3 Verser un tiers de la préparation à base de farine, mélanger et ajouter le lait. Fouetter énergiquement et poursuivre en ajoutant un tiers de la farine. Une fois que le mélange est homogène, verser le jus d'orange et battre à nouveau. Verser le reste de farine et fouetter jusqu'à ce que la pâte soit lisse. Ajouter les écorces d'orange confite et mélanger.

4 Remplir les moules aux deux tiers de leur hauteur. Faire cuire 20 minutes à 180 °C (th. 6). Laisser refroidir entièrement les cupcakes pendant 1 heure avant de les garnir.

5 **Le glaçage** : battre le blanc d'œuf en neige avec une pincée de sel. Quand les blancs sont fermes, incorporer le sucre glace et le colorant alimentaire jusqu'à l'obtention de la couleur souhaitée. Verser la préparation dans une poche à douille et napper les cupcakes.

6 **La touche finale** : déposer les dragées orange sur le glaçage.

Cupcakes à la pistache, crème légère à la framboise

Pour 12 cupcakes
Difficile / Chère
Préparation : 20 minutes
Cuisson : 20 minutes
Repos : 1 heure

Pour le gâteau : 80 g de pistaches décortiquées non salées / 80 g de farine / 2 cuil. à café de levure chimique / Une pincée de sel / 100 g de beurre / 75 g de sucre en poudre / 2 œufs / 17,5 cl de lait.
Pour le glaçage et la décoration :250 g de framboises fraîches / 150 g de faisselle égoutée / 100 g de sucre en poudre.

1 **Le gâteau** : mixer les pistaches afin de les réduire en poudre. Dans un petit saladier, mélanger la farine, la poudre de pistache, la levure et le sel. Dans un grand saladier, battre le beurre pendant 1 minute pour le rendre pommade. Ajouter le sucre et les œufs. Battre jusqu'à ce que le mélange soit homogène.

2 Verser un tiers de la préparation à base de pistache et un tiers du lait. Fouetter 30 secondes puis continuer de cette façon jusqu'à ce que l'ensemble des ingrédients soit incorporé.

3 Remplir les moules aux deux tiers de leur hauteur et faire cuire à 180 °C (th. 6) pendant 15 à 20 minutes. Laisser refroidir 1 heure avant de démouler.

4 **Le glaçage** : réserver une douzaine de framboises pour la décoration. Au-dessus d'un saladier, écraser les framboises dans un chinois, à l'aide d'une cuillère en bois. Ajouter la faisselle égouttée et le sucre dans le saladier, mélanger jusqu'à l'obtention d'une mélange homogène. Fouetter la préparation pour l'aérer. Répartir cette crème sur les cupcakes, à l'aide d'une spatule ou d'une poche à douille.

5 **La touche finale** : décorer des framboises réservées.

Pistaccio delicioso

Pour 12 cupcakes
Élaborée / Chère
Préparation : 20 minutes
Cuisson : 15 minutes

Pour le gâteau : 100 g de beurre demi-sel / 50 g de sucre en poudre / 2 sachets de sucre vanillé / 2 œufs / 17,5 cl de lait / 150 g de farine / 100 g de pistaches décortiquées non salées.
Pour le glaçage et la décoration : 200 g de pâte d'amandes blanche ou rose / 25 g de pistaches décortiquées non salées / 10 g de billes de sucre argentées.

1 **Le gâteau :** dans un grand bol, battre le beurre 1 minute pour le rendre pommade. Ajouter le sucre, le sucre vanillé et les œufs ; fouetter jusqu'à ce que le mélange soit homogène. Verser le lait et fouetter.

2 Incorporer en quatre fois la farine à la préparation liquide. Battre jusqu'à ce que la préparation soit homogène. Verser les pistaches et mélanger.

3 Remplir les moules jusqu'à mi-hauteur, faire cuire 15 minutes à 180 °C (th. 6).

4 **Le glaçage :** étaler la pâte d'amandes à l'aide d'un rouleau à pâtisserie sur environ 5 mm de hauteur. Découper des disques de la taille des cupcakes, couvrir chaque gâteau d'un disque de pâte d'amandes.

5 **La touche finale :** décorer les cupcakes en utilisant les perles argentées et les pistaches.

Conseil

Vous pouvez réaliser des motifs en pâte d'amandes. Malaxez une petite quantité de pâte d'amandes avec quelques gouttes de colorant alimentaire. Formez ainsi des pâtes de plusieurs couleurs et réalisez vos figurines et vos décors.

Cupcakes pralinés

Pour 12 cupcakes
Élaborée / Peu coûteuse
Préparation : 15 minutes
Cuisson : 25 minutes
Repos : 30 minutes

Pour le gâteau : 100 g de farine / 50 g de poudre de noisette / 1 cuil. à soupe rase de levure chimique / Une pincée de sel / 100 g de beurre / 60 g de sucre en poudre / 3 cuil. à soupe de miel liquide / 2 œufs / 15 cl de lait.
Pour le glaçage et la décoration : 75 g de noisettes / 150 g de chocolat noir fourré au pralin / 10 cl de crème fraîche liquide.

1 **Le gâteau :** dans un saladier, mélanger la farine, la poudre de noisette, la levure et le sel.

2 Dans un grand bol, battre le beurre 1 minute pour le rendre pommade. Ajouter le sucre, le miel et les œufs. Battre au fouet jusqu'à ce que le mélange soit homogène. Verser le lait et fouetter.

3 Incorporer en quatre fois la préparation liquide au mélange à base de farine et de poudre de noisettes. Remplir les moules aux trois quarts de leur hauteur, faire cuire 15 à 20 minutes à 180 °C (th. 6). Laisser refroidir les cupcakes au minimum 30 minutes.

4 **Le glaçage :** hacher grossièrement les noisettes et les faire griller à sec dans une poêle. Retirer les éclats de noisette dès qu'ils commencent à dorer. Faire fondre le chocolat fourré au pralin à feu doux. Retirer du feu et incorporer la crème fraîche, verser la préparation dans une poche à douille. Garnir les cupcakes de crème au chocolat praliné.

5 **La touche finale :** saupoudrer d'éclats de noisettes grillés.

Cupcakes nature, frosting à la violette

Pour 12 cupcakes
Élaborée / Peu coûteuse
Préparation : 25 minutes
Cuisson : 20 minutes
Repos : 1 heure

Pour le gâteau : 150 g de farine / 2 cuil. à café rases de levure chimique / Une pincée de sel / 100 g de beurre / 75 g de sucre en poudre / 2 œufs / 17,5 cl de lait.

Pour le glaçage et la décoration : 125 g de beurre / 500 g de sucre glace / 6 cl de lait / 6 cl de sirop à la violette / Quelques bonbons en sucre.

1 **Le gâteau** : dans un saladier, mélanger la farine, la levure et le sel.

2 Dans un grand bol, battre le beurre 1 minute pour le rendre pommade. Ajouter le sucre et les œufs et fouetter jusqu'à ce que le mélange soit homogène. Verser le lait et fouetter.

3 Incorporer en quatre fois la préparation liquide au mélange à base de farine. Remplir les moules aux trois quarts de leur hauteur, faire cuire 15 minutes à 180 °C (th. 6).

4 Vérifier la cuisson des gâteaux puis laisser refroidir 1 heure.

5 **Le glaçage** : faire fondre le beurre et le laisser refroidir. Fouetter le beurre fondu avec la moitié du sucre glace, le lait et le sirop de violette. Lorsque le mélange est bien lisse, continuer à fouetter tout en versant petit à petit le reste de sucre glace. Le frosting doit être souple : s'il est trop compact, ajouter un peu de lait, s'il est trop liquide, ajouter un peu de sucre glace.

6 À l'aide d'une spatule ou d'une poche à douille, répartir le frosting à la violette sur toute la surface des cupcakes.

7 **La touche finale** : décorer de bonbons en sucre.

Table des matières

Recettes

Dépôt légal 2e trim. 2011 n° 3 814

Imprimé en U.E.